東京の消えた風景

加藤嶺夫

小学館

目次

郊外の失われた景色

銀座

銀座八丁目に「銀座の柳」の碑が立っている。「植ゑてうれしい銀座の柳／江戸の名残りのうすみどり……」で始まる西條八十作詩・中山晋平作曲の流行歌である。昭和初期の「銀ぶら」を思い起こさせるが、戦後の銀ぶらは歩行者天国。昭和四五年にここで始まり、全国に波及した。現在は海外の有名ブランドも多く進出しているが、地上一一階のエルメスのビルとディスカウントの小売店が隣接したり、消費の形態の多様さを見せている。

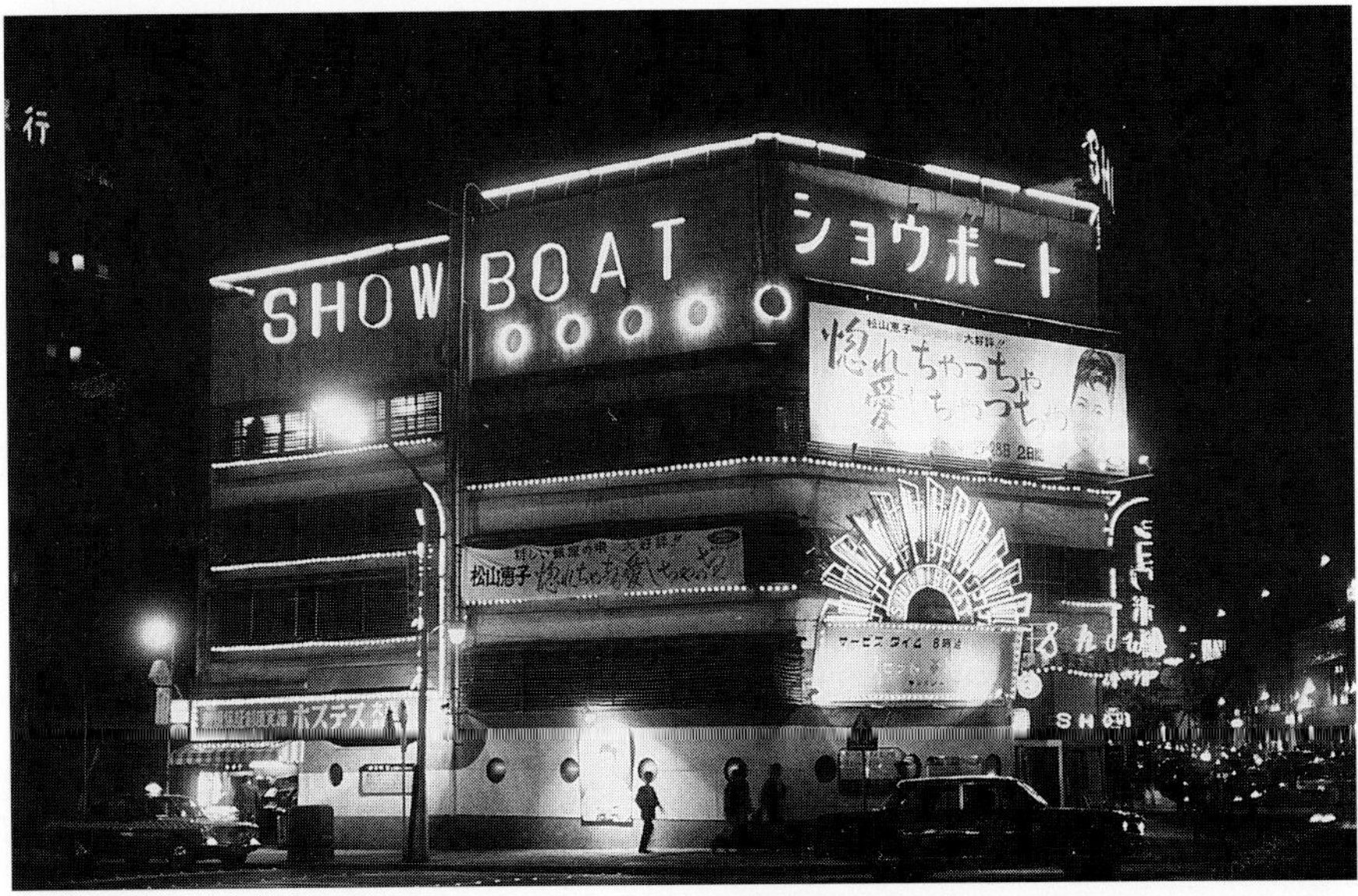

ショウボート　中央区銀座８丁目　昭和42年4月　庶民的なキャバレー。

銀座四丁目交差点　中央区銀座　ビヤホールのライオンのある場所は５丁目　昭和43年9月1日

銀座四丁目交差点　中央区銀座　平成15年1月12日　現在の様子（久米たかし撮影）

対鶴館　中央区銀座５丁目　昭和44年12月14日

銀座二丁目　中央区銀座２丁目　昭和46年9月11日　中央の旗の立つビルは読売新聞社。

薪炭店　中央区銀座2丁目　昭和42年6月

銀ぶらバス　中央区八重洲2丁目　平成12年2月12日　東京駅から銀座、築地を経て東京駅へ戻る。平成12年廃止された。

人力車　中央区銀座６丁目　昭和46年7月1日　主に芸者さんが利用した。

東京温泉　中央区銀座６丁目　昭和60年12月15日　現在のスーパー銭湯の先駆け。

新聞配達　中央区銀座７丁目　昭和46年7月1日

托鉢　中央区銀座　昭和50年1月2日　道行く人が喜捨して行く。

銀座七丁目　中央区銀座７丁目　昭和46年5月16日　銀座には珍しい日本そば屋。

空也　中央区銀座６丁目　昭和43年12月1日　東京で最も評判の高いもなか専門店。

三井銀行新橋支店　中央区銀座８丁目　昭和45年5月17日　銀座にあるが新橋駅に近い。

築地

埋め立ての続く東京だが、その大先輩が築地。明暦の大火以後に埋め立てられ、この名称が付けられた。築地といえば、東京都中央卸売市場築地市場。関東大震災後にこの地に転入し、現在の建物は昭和一〇年に建設されたが、老朽化が甚だしく、改築も困難で移転することに決定した。代替地として江東区豊州六丁目の東京ガスの工場跡地が挙げられているが、二三ヘクタールもの市場跡地の用途は未定。移転先も跡地も景観に与える影響は大きい。

築地四丁目　中央区築地４丁目　昭和44年12月30日

東京劇場　中央区築地４丁目　昭和47年11月1日　外国映画ロードショーの上映館。

築地一丁目　中央区築地１丁目　昭和43年3月24日

東京中央卸売市場　中央区築地５丁目　昭和45年12月17日　現在は陸送だが、当時は船で各港を回った。

東京中央卸売市場　中央区築地５丁目　昭和44年3月23日　東京湾の船上から望む。右は勝鬨橋。

勝鬨橋《かちどきばし》　中央区築地５丁目　昭和43年8月1日　昭和15年架橋。当時は中央部から上方70度開いて3000トン級の船舶を通したが、今は常時閉まっている。

築地川　中央区築地６丁目　昭和43年8月1日

築地二丁目　中央区築地２丁目
昭和43年3月24日

新橋

新橋駅の東側に昭和三一年以来、広い空き地があった。旧国鉄の貨物駅汐留駅で、「汽笛一声」汽車が開通した駅は現在の新橋駅ではなく、ここなのだ。その跡地が新しい街として姿を少し現した。通称「汐留シオサイト」。平成一四年の秋、広告代理店の電通本社が転入。地下鉄大江戸線と新交通「ゆりかもめ」の汐留駅も開業した。計画では一九年には六千人の住民をもち、三一ヘクタールの土地に六万一千人の人々が働く「都市」が生まれる。

ＪＲ新橋駅　港区新橋2丁目　昭和44年5月
電車は京浜東北線の南浦和行き。

新橋駅西口前　港区新橋2丁目　昭和44年5月
舞台ではしばしば政治演説が行われた。

新橋駅日比谷口　港区新橋2丁目　昭和44年5月31日

有楽町・日比谷

「有楽町で逢いましょう」は、昭和三二年、百貨店のそごうの開店のときに作られたといわれている。そのそごうも平成一二年には閉店し、ビックカメラに変わった。帝国ホテルや劇場街も改築され、昭和五九年には閉鎖された日劇の跡に百貨店やホールを含む商業施設の有楽町マリオンが生まれた。日劇はスター見たさに行列が何周も囲んだと伝説がある。いま、その時計下広場は待ち合わせの相手を待って、人々が思い思いの方向を向いている。

有楽町二丁目　千代田区有楽町2丁目　昭和48年10月
左の建物は当時の朝日新聞社。

みゆき通り　千代田区有楽町１丁目　昭和59年2月12日　映画館や劇場が並んだ通り。

日本劇場　千代田区有楽町２丁目　昭和54年7月8日　歌謡ショーや芝居が行われ映画も上映された。

スバル街　千代田区有楽町２丁目　昭和45年2月7日　喫茶店が集まった一角。

東京交通会館周辺　千代田区有楽町２丁目　昭和42年5月31日　交通会館建設反対の訴え。

日比谷通り　千代田区内幸町１丁目　昭和43年2月11日　右手前が第一生命館、その左が帝国劇場。

日比谷公園　千代田区日比谷公園　昭和44年4月20日　中央は野外音楽堂。

丸の内・大手町

江戸城の御《み》曲《くる》輪《わ》内《うち》は丸の内という通称で呼ばれていた。その名をとり、東京駅から皇居につながっているこの地区は、オフィスビルがゆったりと並び、広い道を街路樹が囲む、日本の中で最も美しい街ではないだろうか。レンガ造りの駅舎はライトアップされ、クリスマス頃にはイルミネーションのアーケード、ミレナリオが出現する。平成一四年、改築された丸ビルは、地上三六階建てだが、四分の一ほどは商店。女性客が群がる街となった。

丸の内ビルディング（丸ビル）
千代田区丸の内２丁目　昭和60年４月6日 大正12年に建てられた８階建ての高層ビル。

丸の内ビルディング
千代田区丸の内２丁目　平成15年1月5日
平成14年9月、地上36階建ての新しい丸ビルが完成した（久米たかし撮影）

郵船ビル　千代田区丸の内2丁目　昭和50年6月10日

日本赤十字社東京支部　千代田区丸の内２丁目　平成3年1月22日　後方は都庁で共に今はない。

日本工業倶楽部　千代田区丸の内１丁目　平成3年11月1日　同倶楽部は工業、金融資本家の公益法人。

都庁前電停　千代田区丸の内
昭和43年2月25日
平成３年都庁は新宿
副都心へ移転した。

気象庁　千代田区大手町１丁目　昭和44年4月20日

東京駅の赤帽　千代田区丸の内
昭和62年3月18日

日本橋・京橋・湊・新川・月島

東京駅の八重洲口から東の方へ向かうと、日本橋地区がある。日本銀行本店を初めとする金融機関や東京証券取引所を中心とする証券会社、繊維や薬種の問屋が集まっている。日本の金融・商業の中心地である。江戸の経済の大動脈だった隅田川に注ぐ日本橋川にかかる日本橋は、江戸時代に全国里程の原点と定められ、五街道の起点であった。現在、その日本橋の上は昭和三八年以来、高速道路が大きく覆っている。

日本国道路元標　中央区日本橋１丁目
昭和46年9月11日
街道はこの道標を起点として各地への距離が示された。

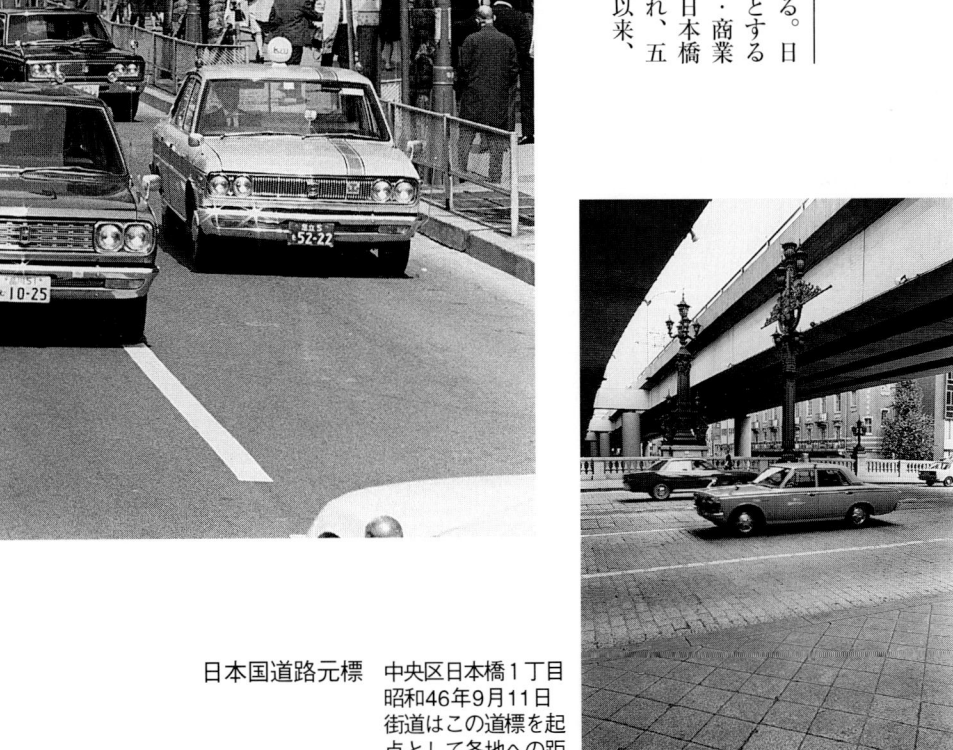

日本橋三丁目　中央区日本橋３丁目　昭和45年3月24日　日本橋の中心の通り。右に高島屋と東急デパートが見える。

シガビル
Zip
PEPSI-COLA
川嶋紙店
レース株式会社
仮営業所2階

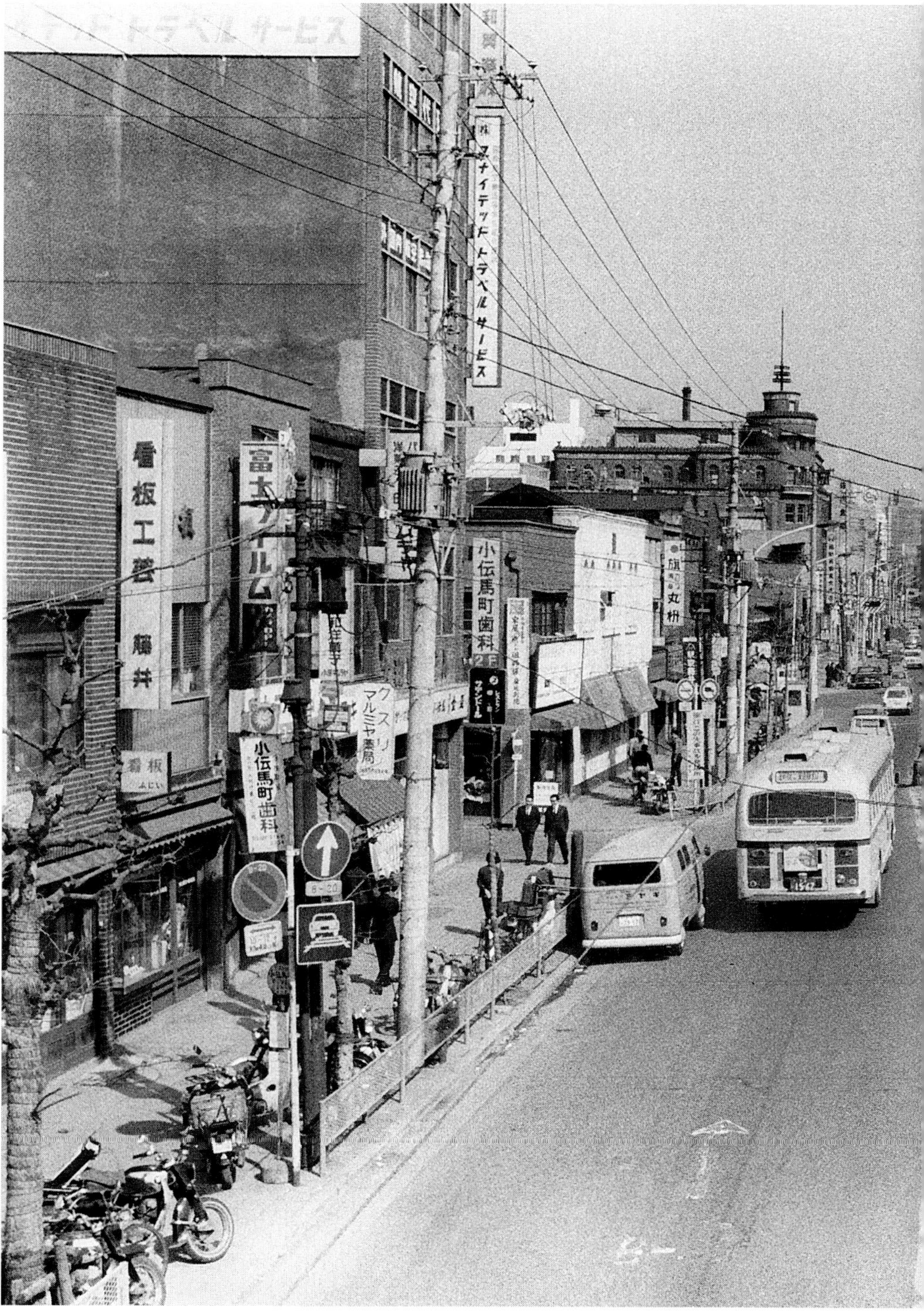

江戸通り　中央区日本橋小伝馬町４丁目　昭和45年2月25日　繊維関係の問屋が並んでいた。

箱崎川　中央区日本橋蛎殻町２丁目　昭和42年12月30日　主に荷送に使われる荷足船

新大橋通り　中央区日本橋蛎殻町１丁目　昭和42年3月10日　戦前の家並みが残る。

末広亭　中央区日本橋人形町３丁目　昭和45年1月10日　写真の噺家は桂文楽。

人形町三丁目　中央区日本橋人形町３丁目　昭和42年3月10日　空襲に遭わず戦前の面影を残す。

東京証券取引所　中央区日本橋兜町２丁目
昭和56年8月30日
今は近代的なビルに建て替えられている。

千疋屋総本店　中央区日本橋室町２丁目
昭和43年6月16日

東日本橋二丁目　中央区東日本橋２丁目　昭和46年2月4日

新道通り　中央区日本橋馬喰町１丁目　昭和44年4月30日　衣服や装身具の問屋が密集していた。

炭屋　中央区佃１丁目　昭和43年2月10日

鍛冶橋通り　中央区京橋２丁目
昭和42年10月6日

湊一丁目　中央区湊１丁目　昭和43年3月24日

亀島川　中央区新川２丁目　昭和45年5月1日　物資の運搬に利用された。

船宿　中央区勝どき３丁目　昭和63年11月18日　東京湾で釣りをする人が宿泊した。

上野・日暮里・町屋

昭和六〇年に東北新幹線が開通し、上野駅の構内は明るく改築され、北国への旅情はむしろなくなった。啄木の短歌に共感する人はいずれいなくなるだろう。そして、平成一三年の駅舎の改修工事は、上野駅を決定的に北への出口ではなく、首都圏の人々のための駅にした。私たちは、構内や付属のショッピングセンターで買い物し食事をして駅を出る。歩道橋のパンダ橋を歩いていくうちにいつのまにか上野公園へ押し出されていることに気がつく。

上野駅構内　台東区上野７丁目　昭和43年8月3日　この先のホームから東北方面への長距離列車が発着した。

上野駅　台東区上野７丁目　昭和42年2月

JR日暮里駅　荒川区西日暮里２丁目　昭和43年3月21日

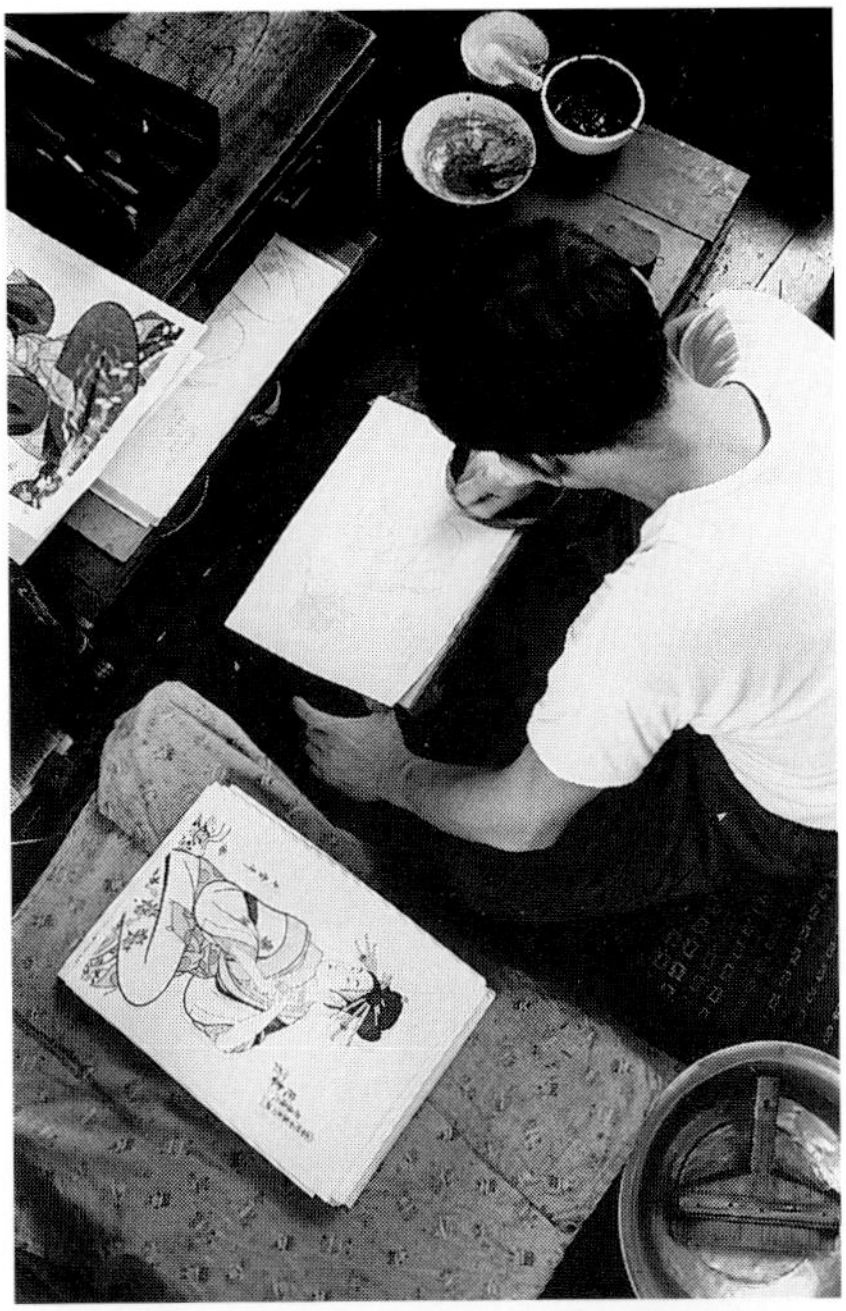

摺師　荒川区東日暮里　昭和45年6月27日
数少ない浮世絵版画の摺師。

外食券食堂　台東区下谷２丁目
昭和46年7月24日
政府発行の外食券で
割安に食事ができた。

行商人（上野駅）　台東区上野７丁目　昭和54年7月6日　千葉県の成田周辺から野菜、米、餅などを売りに東京各地を回った。

町屋一丁目電停　荒川区町屋１丁目　昭和46年5月9日　現存する唯一の都電、荒川線。

稲荷前通り　荒川区町屋2丁目　昭和46年5月5日
商店街を進むと町屋稲荷がある。

浅草

地下鉄を下りて、雷門をくぐる。春は桜、秋は紅葉の造花が軒を飾る仲見世商店街を通って浅草寺にお参りする。五月は境内の浅草神社の三社祭り、七月は四万六千日の行事の日に立つほおずき市、一二月は羽子板市。そこにこのところ、八月の浅草サンバカーニバルが加わっている。ブラジルのダンサーたちも参加する、二五〇〇人の大パレードである。時には歌舞伎役者の襲名のお練りもある。なんとなく心浮き立つような土地である。

松竹演芸場　台東区浅草１丁目
昭和45年1月15日

国際通り　台東区雷門と西浅草の間　昭和48年2月
浅草国際劇場の前の通りということから
命名された。

公園六区（すしや通り）　台東区浅草1丁目　昭和51
年2月28日　名前のとおり寿司屋が多い。

浅草二丁目　台東区浅草２丁目　昭和44年11月9日　場外馬券売場（ウインズ浅草）の近く。

花やしき通り　台東区浅草２丁目　昭和43年7月4日　衣服、物品の安売りに人が集まった。

伝法院通り　台東区浅草１丁目　昭和44年12月30日　古着商が軒を並べた。

浅草寺境内　台東区浅草２丁目　昭和41年9月

六区映画街　台東区浅草２丁目　昭和45年10月18日

針金細工（浅草公園）　台東区浅草２丁目
昭和60年1月2日　輪ゴムを飛ばして遊ぶ
ピストルを針金で作って売る。

香具師（浅草寺境内）　台東区浅草２丁目
昭和45年1月3日

仁丹塔　台東区西浅草１丁目　昭和61年5月
戦前の仁丹塔を戦後再建したもの。

スカイタワー（浅草寺境内）
台東区浅草２丁目　昭和48年2月
ゴンドラが上下して上空から眺望する。

松葉屋花魁ショー　台東区千束４丁目　昭和61年10月31日　はとバスの見学コースにも入っていた。

神田・お茶の水

神田の町の性格は大きく変わっている。江戸時代は職人たちの住む地区らしく、町の名前も、鍋町・鍛冶町・大工町・塗師町・蝋燭町・乗物町・白壁町・紺屋町などと付けられていた。明治以後は学校の町となった。昼間は官吏の教員から夜は苦学の夜学生まで学んでいたのである。だが、学校は大敷地を必要とする。中央大学が八王子に移り、続々と移転した。現在は、古書店が立ち並び、出版社が点在する周辺をオフィスビルが取り囲む。

神保町交差点　千代田区神田神保町２丁目　平成42年2月22日
書店､出版社の多い「本の街」神保町には縦横に都電が走っていた。

神保町交差点　千代田区神田神保町2丁目
昭和43年3月24日

小川町三丁目　千代田区神田小川町3丁目
昭和43年3月24日
左の中央大学は昭和53年八王子
に新校舎を建設し移転した。

明治大学記念館　千代田区神田駿河台１丁目　平成7年2月16日　現在は高層ビルに再建された。

小川町三丁目　千代田区神田小川町３丁目　昭和43年3月7日　奥に明治大学が見える。

御茶の水駅　千代田区神田駿河台４丁目　昭和42年5月　右は中央線・総武線、左下は地下鉄丸の内線。

如水会館　千代田区神田錦町３丁目　昭和44年2月2日　如水会館は一橋大学の同窓会である如水会によって運営されている。

白山通り　千代田区西神田２丁目　昭和42年8月19日　35系統の都電は巣鴨と田村町の間を往復した。

染物屋　千代田区神田鍛冶町２丁目　昭和44年8月7日　浴衣などの呉服地を染めた専門店。

↓ 神田青果市場　千代田区外神田４丁目　昭和45年5月5日　関東一円から集積された。

神田青果市場跡　千代田区外神田４丁目　平成13年2月13日 現在は駐車場とスポーツのエリア。

水道橋・飯田橋

江戸時代、江戸川橋の上流から引かれた初の水道は神田川にかかる水道橋を渡り、神田や日本橋地域に給水した。その名に歴史を残す水道橋の駅からすぐ近くに後楽園球場があった。今では、取り壊され、隣地に屋根付き球場の東京ドームが造られた。三年間の工事期間を経て昭和六三年に完成した。天候に左右されないスタジアムにと計画されたが、用途は広がり、それまでのスポーツだけではなしに、国際的な見本市・展示会場としても使えるものになった。

後楽園アイスパレスとプール
文京区後楽１丁目
昭和43年8月24日
アイスパレスはサーカスなどの催事にも用いられた。

後楽園球場　文京区後楽１丁目　昭和51年9月
プロ野球のメッカも昭和62年の試合で幕を閉じた。

後楽園アイスパレス
ジャノメミシン
Canon

日東あられ
安田
火災
オンキヨーステレオ
東京トヨペット
ウイスキーオーシャン

飯田橋四丁目　千代田区飯田橋４丁目
昭和42年11月3日

八百屋　千代田区富士見2丁目　昭和43年3月24日

飯田町貨物駅　千代田区飯田橋３丁目　昭和42年8月11日　貨物専用駅も今はない。

早稲田通り　千代田区富士見2丁目　昭和42年8月6日

大塚・白山・小石川・関口

中世以来、小石の多い川に因《ちな》んで呼ばれている小石川、江戸時代にあった大きな塚に因む大塚、徳川五代将軍綱吉の屋敷白山屋敷から名付けられた白山……と、この地域には歴史を感じさせる地名が多い。中でも、関口（堰口）は神田川の北側に位置し、江戸時代の上水道に縁の深い地名である。現在の大滝橋近くに堰を作り、上水を水道橋を通して江戸城内に送っていた。近くには水神社や水道という町名も残っている。

ラジオ体操（大塚公園）
文京区大塚４丁目　昭和44年8月3日
夏休みの早朝、近所の親子が集まった。

都電・荒川線　豊島区東池袋５丁目
昭和47年11月19日
荒川線は現存する唯一の都電の路線。

質屋　文京区大塚5丁目　昭和46年3月28日

共同水道　豊島区南池袋4丁目　昭和44年5月5日

小石川橋電停（外堀通り）　文京区後楽１丁目　昭和45年3月23日　左の照明灯は後楽園球場。

白山通り　文京区白山１丁目　昭和51年9月　道路が拡張され草地は消えた。

地蔵通り　文京区関口１丁目　昭和46年3月27日
通りの入口左側に地蔵が祀られている。

豆腐売り　文京区白山４丁目　昭和46年10月

霞が関・永田町・九段・内幸町

平成六年のオウム真理教事件で狙われたのは、霞が関地区といわれている。霞が関は中央官庁が揃う行政の中心地。政治の中心地の永田町とともに日本の中枢といえる地区である。この地域は江戸時代の大名屋敷の並んでいたところだが、明治維新後、官庁と軍隊の兵舎に使われていた。兵営は明治二二年に麻布・赤坂へ移転した。私たちにとって意外に馴染み深いのは、「忠臣蔵」との関わり。浅野内匠守の屋敷として、「霞が関」が出てくる。

桜田壕　千代田区皇居外苑　昭和43年1月11日　ユリカモメの群集。

最高裁判所　千代田区霞が関3丁目　昭和43年1月11日

首相官邸　千代田区霞が関3丁目　昭和45年11月25日　今では新しく建て替えられた。

帝国ホテル　千代田区内幸町1丁目　昭和42年5月31日
愛知県犬山の明治村に移転保存されている。

山王ホテル　千代田区永田町2丁目　昭和43年6月16日
二・二六事件で青年将校に占拠されたことで有名。

旧憲兵司令部下士官アパート　千代田区九段南１丁目　平成4年1月12日

赤坂・虎ノ門

皇室の赤坂御用地、一流ホテル、国際的なブランドのブティック、放送局の並ぶ華やかな赤坂だが、その一部に暗い思い出の土地があった。昭和五七年に火災で三三人の死亡者を出したホテル・ニュージャパンの跡地だ。ここに地上三八階・地下三階の高層ビルが建つことになった。二一年ぶりである。背後の日枝神社の山王祭りは、初夏に行われる雅びなお祭りである。次のお祭りにはビルのきらめきと華やかさを競い合うことになるだろう。

ミカド　港区赤坂２丁目　昭和60年3月8日
最大規模を誇ったナイトクラブ。

ミカドのステージショー　昭和46年2月3日

一ツ木通り　港区赤坂４丁目　昭和46年8月17日　テレビ関係者で賑わった。

一ツ木通り　港区赤坂４丁目　平成15年1月12日　現在の様子（久米たかし撮影）

ブリヂストン

赤坂二丁目　港区赤坂2丁目　昭和42年10月28日
この界隈には古物商が多い。

古美術商　港区虎ノ門3丁目　昭和46年5月29日

桜田通り　港区虎ノ門3丁目　昭和43年9月16日
空襲に遭わず戦前の姿を留める。

虎ノ門三丁目
港区虎ノ門３丁目
昭和43年9月16日

芝浦・芝・三田

芝では江戸時代の幕開けと幕引きの出来事が展開されている。芝公園にある増上寺は、慶長三年(一五九八)、江戸城の拡張にともなって転入した。徳川家の菩提寺として、二代将軍秀忠から六代の将軍を祀る。芝五丁目には、「江戸開城西郷南洲勝海舟会見乃地」の碑がある。慶応四年(一八六八)、無血開城の結論の出た薩摩藩蔵屋敷の跡である。いま、東南の芝浦には東京港管理事務所が置かれ、頭上は空港へのモノレールが走る。

新芝南運河　港区芝浦４丁目　昭和43年11月3日　上は東京モノレール。

日の出桟橋　港区海岸２丁目　昭和44年3月23日　倉庫が林立する一帯。

桜田通り　港区芝５丁目　昭和47年7月23日

桜田通り（魚籃坂下付近）　港区三田４丁目　昭和42年12月5日　戦前の面影を留めている。

芝一丁目（高速都心環状線下）　港区芝1丁目
昭和43年3月24日　両岸に船宿が並ぶ。

三田四丁目　港区三田４丁目　昭和43年3月24日

芝公園一丁目　港区芝公園1丁目　昭和43年5月12日
芝公園の中に残る未整地の土地。

慶応義塾大学東門　港区三田２丁目　昭和43年9月15日

慶応仲通り　港区芝5丁目　平成4年2月18日
田町や三田駅から慶大へ行く近道。

三井倶楽部　港区三田2丁目　昭和43年3月24日
三井倶楽部は大正2年、三井家の接客用応接所として三田綱町に建てられた。

学生の下宿　港区三田1丁目　昭和43年5月12日

高輪・麻布・白金

品川駅の北西にある山手台地の一帯が高輪・麻布・白金である。この地域には、泉岳寺・東禅寺・覚林寺・光林寺など多くの寺院が点在し、江戸時代には大名の下屋敷が多く作られた。現在も閑静な高級住宅地として知られている。また近年、六本木に隣接している西麻布や地下鉄南北線と大江戸線の開通した麻布十番では、老舗の残る伝統的な町並の中にファッショナブルな専門店やレストランが進出して新しい町の様相を呈してきている。

第一京浜　港区高輪３丁目
昭和42年12月3日
１系統の都電は品川駅と上野駅の間を往復した。

第一京浜　港区高輪4丁目　昭和42年12月3日
3系統の都電は品川駅と飯田橋の間を往復した。

二本榎通り　港区高輪3丁目　昭和46年4月21日

一本松（標識）　港区元麻布１丁目　昭和43年8月3日
大使館など外国の施設や邸宅が多かった。

初音通り　港区東麻布2丁目　昭和46年9月4日

元麻布一丁目　港区元麻布１丁目
昭和43年5月12日

内閣統計局職員養成所
港区南麻布４丁目
昭和43年7月27日

白金四丁目　港区白金４丁目　昭和46年3月14日

白金台三丁目　港区白金台3丁目　昭和46年4月10日

白金台四丁目　港区白金台４丁目
昭和46年8月20日

白金二丁目　港区白金２丁目
昭和46年3月14日

品川・大井・大森・羽田

品川から南部方面の変貌は大きい。羽田空港は新ターミナル（ビッグバード）が建ち、モノレールが延長され、京浜急行も路線を延長し、横浜方面と直接結ぶことになった。品川周辺では、ＪＲの山手線・埼京線・りんかい線の乗り入れる大崎駅から御殿山を経て品川駅へと向かう方向が賑やかになった。平成八年に始まった大崎副都心建設計画は、都市型の研究開発産業地域を目指し、高層ビル群を生み出した。

ＪＲ品川駅　港区高輪３丁目　昭和51年8月20日

畳屋　品川区南品川２丁目　昭和62年3月27日

ＪＲ品川駅東側　港区港南２丁目　平成5年8月25日
この空地は現在大規模に再開発されている。

大井町駅　品川区大井１丁目　昭和45年10月18日　中央が東急大井町線、その右にJR線の駅がある。

京浜急行・立会川駅前商店街　品川区東大井2丁目
昭和46年6月10日

JR大森駅　大田区山王2丁目
昭和43年6月10日

チンドン屋　大田区大森東2丁目
昭和47年8月27日

大井オートレース場　品川区勝島2丁目　昭和48年2月　その後廃止された。

海老取川　大田区羽田6丁目　昭和47年5月11日　空港と空港外の境となる川。

海老取川の弁天橋わきから羽田空港　大田区羽田5丁目　昭和51年7月25日　京浜急行羽田線の開通で景観が一変した。

渋谷

新しい施設は街を行く顔ぶれを変える。それを立証してみせたのが渋谷である。NHKが内幸町から移ってきて、放送を始めたのが昭和三九年、東京オリンピックのときだった。渋谷公会堂も新設され、アーティストの姿が目立つようになった。四三年には西武百貨店がオープン。だが、いつの間にか若者よりももっと若い人たちが昼も夜もたむろする街となった。現在は、井の頭線の渋谷駅に複合施設マークシティがオープンして、少し大人も戻ってきた。

渋谷三業通り　渋谷区円山町
渋谷の中心地から外れた三業地。

社会鍋（渋谷駅前）　渋谷区渋谷3丁目
昭和48年12月23日
年末に救世軍が行う義捐金募集運動。

玉川通り　渋谷区南平台町　昭和44年2月8日　渋谷から二子玉川園へ行く玉電が通る。

恋文横丁　渋谷区道玄坂2丁目　昭和51年6月19日　外国の恋人へ出す手紙を代筆する業者がいた。

玉電　上通《かみどおり》停留所を出てすぐ　渋谷区道玄坂１丁目　昭和43年10月2日

円山町　渋谷区円山町　ネオンの光が妖しい夜の街。

渋谷一丁目　渋谷区渋谷1丁目　昭和61年7月27日
渋谷で最も古い飲み屋通りで、通称「のんべい横丁」。

新宿・早稲田・高田馬場

昭和三五年、新宿副都心建設計画が発表された。五年後、西口の淀橋浄水場は東村山市へと移転し、西口一帯の開発が始まった。西口地下には黒い煙突のようなオブジェが聳えていた。四三年の新宿中央公園、四六年の京王プラザホテルの開業と続き、オフィスビル群の建設が続いたが、平成三年には都庁が転入してきた。丹下健三設計の庁舎は第一庁舎が地上四八階、地下三階で、高さは二四三メートル。東京で一番高いビルとなった。

新宿駅前電停（靖国通り）
新宿区新宿３丁目
昭和44年6月15日
角筈と称していた地域。

百人町二丁目　新宿区百人町2丁目　昭和61年7月12日

西武新宿駅前　新宿区歌舞伎町1丁目　昭和48年2月25日
今は駅前に新宿プリンスホテルが建つ。

中川三郎ダンス
大和銀行
伊勢丹
清酒
太陽銀行
50

西武新宿駅
友仁医院

新宿西口商店街　新宿区西新宿1丁目　平成15年1月12日
現在の様子（久米たかし撮影）

新宿日活オスカー
新宿区新宿３丁目
昭和47年4月29日
日活の封切館も今はない。

新宿西口商店街　新宿区西新宿1丁目　昭和46年7月24日

新宿ゴールデン街　新宿区歌舞伎町1丁目
昭和61年7月15日
早朝まで営業の酒場が並ぶ。

小田急線・南新宿駅　渋谷区代々木２丁目　昭和48年5月

安兵衛湯　新宿区西早稲田　昭和51年9月
堀部安兵衛から名を取った銭湯。

旧戸山原練兵場跡　新宿区大久保３丁目
昭和44年10月10日
戦時中、軍事訓練が行われた。

早稲田大学安部球場　新宿区西早稲田１丁目　昭和43年10月10日　早大野球部の練習グランド。

求職者　新宿区大久保３丁目　昭和48年8月　日雇いの労働者が集合した。

池袋

昭和五三年、東京拘置所の跡地に地上二四〇メートルのサンシャイン60が完成したときは、日本一のノッポビルとして話題になり、展望台に人が集まった。それが今では日本で六番目、わずか三メートルの差だが、東京では都庁に抜かれてしまった。限りなく天に近くと、人は憧れるのだろうか。池袋駅はJR・東武鉄道・西武鉄道・地下鉄丸の内線と有楽町線が発着するターミナル駅。駅の乗降客の数で新宿を抜こうとするかのように人は集まってくる。

池袋駅東口　豊島区南池袋１丁目
昭和47年1月16日

池袋駅西口　豊島区池袋２丁目　再開発のため更地にした。

池袋三業通り商店街
豊島区西池袋２丁目
昭和59年11月24日

池袋駅西口繁華街
豊島区西池袋１丁目
昭和59年11月24日

池袋演芸場　豊島区西池袋１丁目
昭和62年1月4日

東京拘置所　豊島区東池袋３丁目
昭和42年10月6日
東京拘置所は葛飾区小菅に移転し、今はサンシャイン60が建っている。

向島・両国

隅田川はいま、水上バスや屋形船も走り、水の都市、江戸を思いやることができるが、江戸の雰囲気が残っている地区といえば、なんといっても両国界隈。総武線両国駅の北に両国国技館と隣の江戸東京博物館、南に回向院・吉良邸跡（本所松阪町公園）があり、相撲部屋が散らばる。向島は隅田川の東側の一帯で、河畔は、春の花見、夏の花火、秋の観月と情趣ある行楽地として四季折々にぎわう。かつて玉ノ井、鳩の街と私娼街があった。

東向島一丁目　墨田区東向島１丁目　昭和44年9月28日

飴細工（白鬚神社）　墨田区東向島3丁目
昭和44年1月1日
白鬚神社は隅田川七福神巡りのコースにあたり、正月には多くの店が並ぶ。

水戸街道　墨田区向島１丁目
昭和42年5月

鳩の町　墨田区向島５丁目
昭和43年8月18日
近くの玉ノ井と並ぶ私娼街。

東向島四丁目　墨田区東向島４丁目　昭和42年10月3日

玉ノ井　墨田区墨田３丁目　昭和43年8月
永井荷風も遊んだ花街。

納豆売り　墨田区向島2丁目　昭和43年8月18日

東武伊勢崎線・玉ノ井駅　墨田区東向島４丁目
昭和45年2月22日
現在は東向島駅と改名されている。

JR両国駅　墨田区横網1丁目　昭和44年8月14日

東両国二丁目電停　墨田区両国2丁目　昭和43年2月25日　12系統の都電は新宿駅と両国駅を結ぶ。

日本大学講堂　墨田区両国２丁目　昭和42年7月2日　旧国技館でスポーツの興行にも使用された。

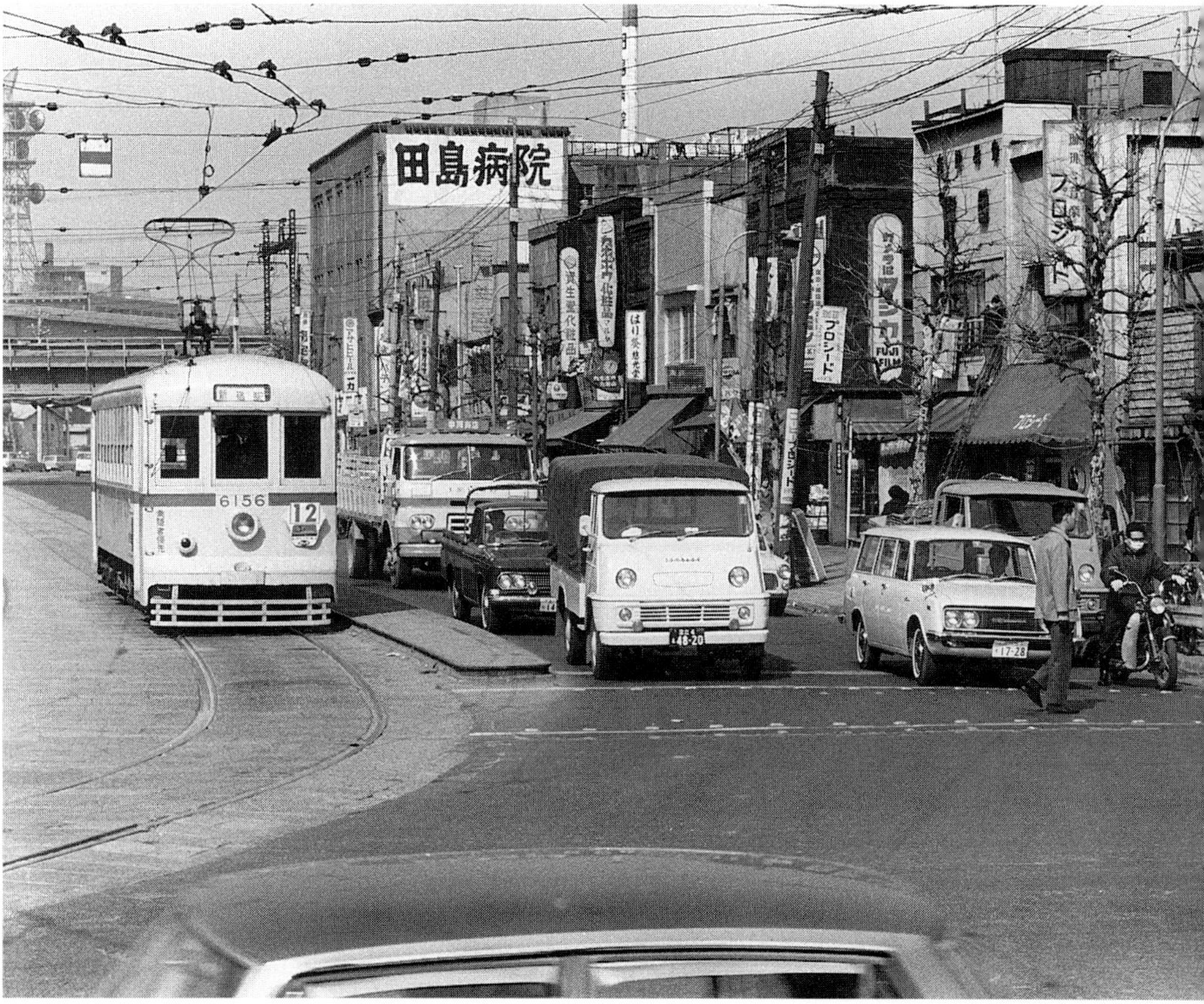

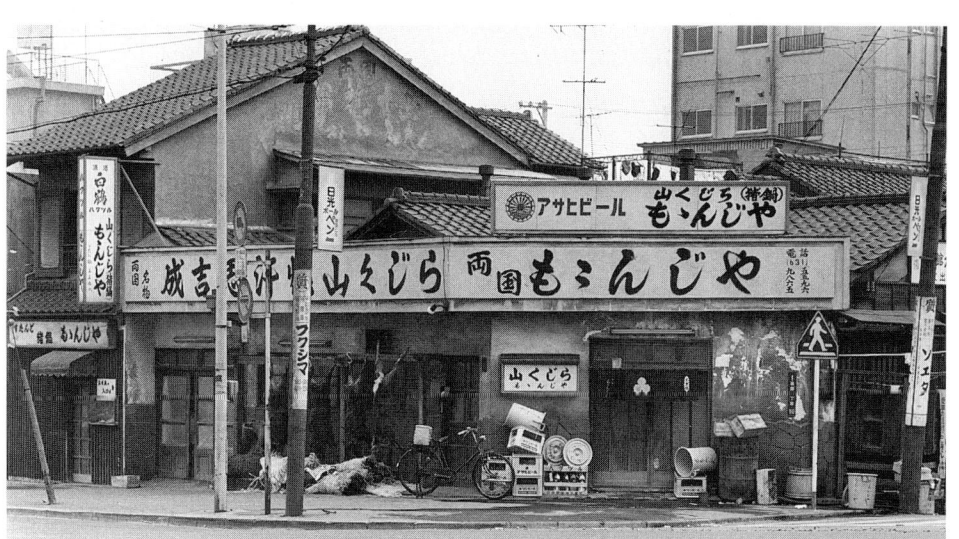

猪鍋屋　墨田区両国１丁目　昭和45年12月30日 「ももんじ」は猪や鹿の肉、「山くじら」は猪の肉のこと。

亀戸・大島・砂町・東陽・夢の島

江東区北部の亀戸は亀戸天神で名高い。一月末のうそ替神事や春先の受験祈願、ゴールデンウィークの藤見と、人の集まる時期がいくつもあるが、現在、隣町の錦糸町と共に副都心建設計画が進められている。娯楽レクリエーション産業地域として再開発が始まったが、江戸時代は文人墨客が訪れ、下町文化の色濃い地域として下地ができている所である。江東区の南部は東京湾に面し、新木場や夢の島を作り上げ、水運を生かした産業が集まっている。

亀戸六丁目　江東区亀戸６丁目
昭和42年8月11日　亀戸駅の近く。

ＪＲ亀戸駅　江東区亀戸五丁目
昭和48年5月

浅草通り　江東区亀戸3丁目
昭和43年7月1日

大島一丁目　江東区大島１丁目　昭和47年7月1日

竪川　江東区大島２丁目　昭和44年11月23日　木材の貯蔵、運搬に利用した。閘門《こうもん》を作って水量や流れを調整する。

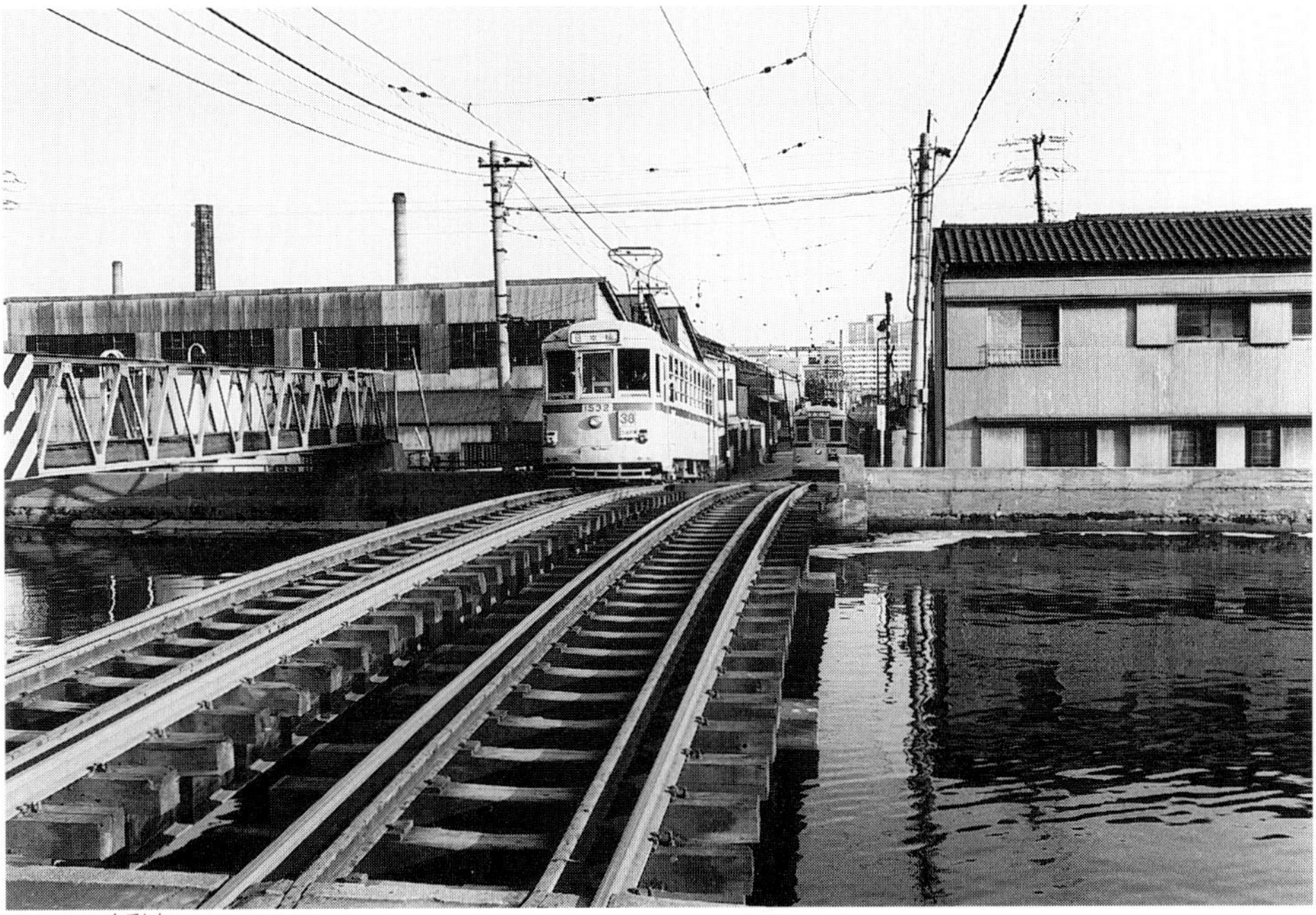

豎川《たてかわ》　江東区大島３丁目　昭和43年11月17日　38系統の都電は錦糸堀車庫から日本橋へ向かう。

ねぎ畑　江東区北砂７丁目　昭和46年10月31日　ねぎの栽培が盛んだった。

砂町運河（貯木場）　江東区新砂３丁目　昭和42年9月27日

南砂二丁目　江東区南砂２丁目　昭和43年7月1日　線路の右側は現在、遊歩道になっている。

葛西橋電停 江東区東砂7丁目
昭和43年1月28日
29系統の都電はここから
須田町へ向かった。

旧洲崎パラダイス 江東区東陽1丁目
昭和43年6月8日
文京区にあった公娼
街がここへ移った。

四ツ目通り　江東区東陽２丁目　昭和43年2月25日

東陽七丁目　江東区東陽７丁目　昭和45年8月9日

夢の島公園　江東区夢の島　昭和45年8月9日　第五福竜丸が保存されている。

夢の島　江東区夢の島　昭和43年11月17日　明治通りわき、湾岸道路そば

お台場・有明

お台場は幕末に黒船から江戸を守るために大砲を据えつけた砲台の名残である。品川の御殿山を崩して埋め立てた。お台場海浜公園はリゾート性が高く、現在では日比谷公園に代わってデートのメッカとなった感じがある。昭和六三年、この地区をはじめ、青海地区や南と北の有明地区は臨海副都心計画に基づいて開発が始まり、東京湾のウォーターフロントが出現した。高速道路・新交通「ゆりかもめ」やりんかい線・水上バスが都心と結ぶ。

お台場海浜公園　港区台場１丁目　昭和60年5月1日
当時は潮干狩りやはぜ釣りができた。

お台場海浜公園　港区台場1丁目　昭和60年5月1日
右は台場公園（第三台場）

台場公園（第三台場陣屋跡）　港区台場１丁目　昭和40年（港区立みなと図書館提供）

晴海ゴルフセンター　江東区有明１丁目　昭和60年5月1日

郊外の失われた景色

大田

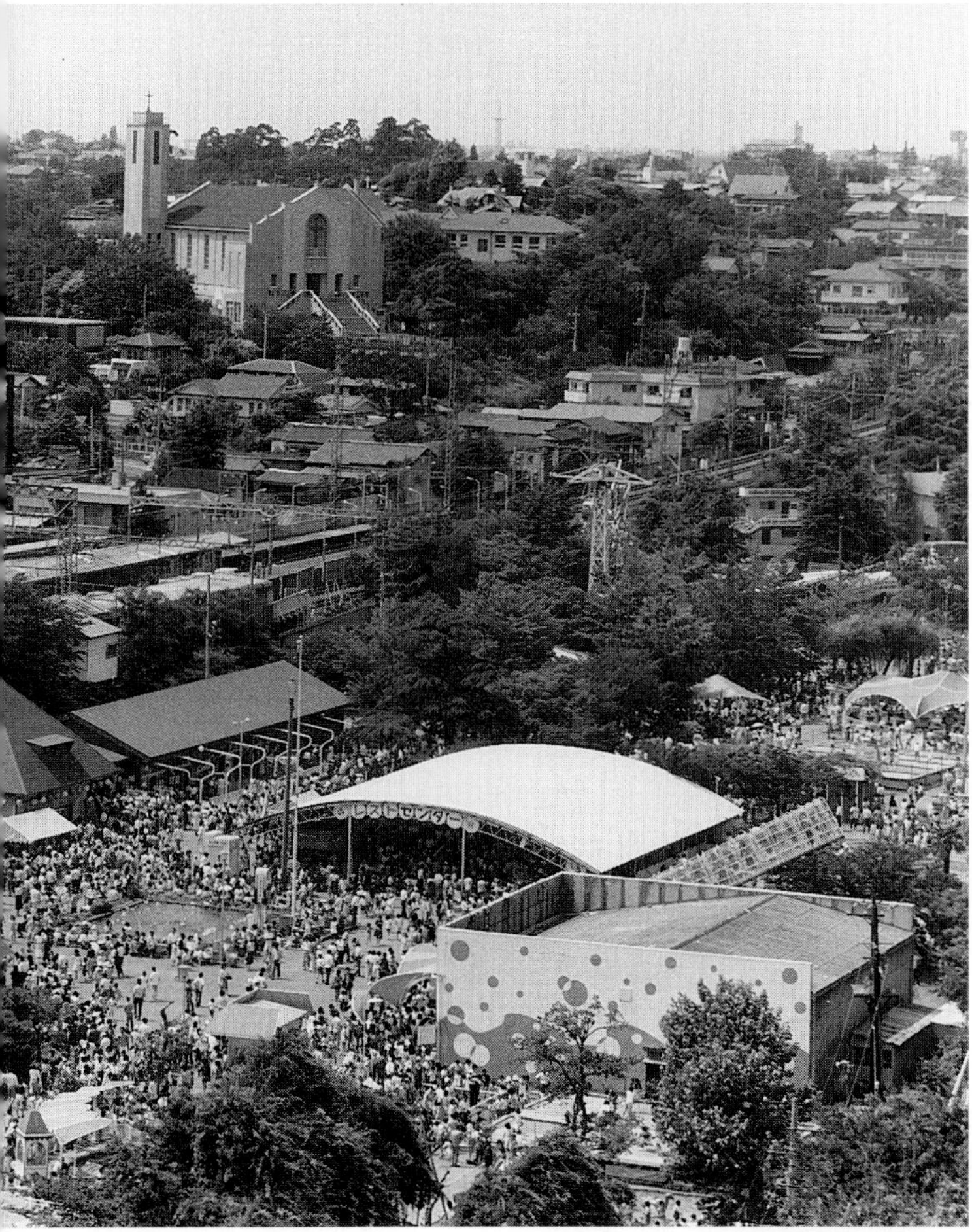

多摩川園　大田区田園調布１丁目
昭和54年6月10日
昭和54年に閉園した。

巨人軍多摩川グランド
大田区田園調布４丁目先の多摩川河川敷
平成10年3月22日の紅白戦
平成10年3月31日で巨人軍グランドの歴史を閉じた。

東急大井町線・北千束駅　大田区北千束２丁目　昭和46年7月24日

東急池上線・石川台駅　大田区東雪谷２丁目　昭和46年7月24日

東急大井町線、目黒線・大岡山駅
大田区北千束3丁目　昭和42年5月

東急池上線・池上駅　大田区池上6丁目
昭和46年7月24日

久ケ原マーケット　大田区南久が原2丁目
昭和47年4月2日

東急大井町線、池上線・旗の台駅
品川区旗の台2丁目　昭和43年6月30日

五反田駅前（桜田通り）　品川区西五反田2丁目
昭和51年9月

西小山銀座通り　品川区小山6丁目
昭和43年6月30日

東急東横線・都立大学駅　目黒区平町１丁目　昭和46年5月1日

愛隣会病院　目黒区大橋２丁目
昭和45年4月20日
戦時中は陸軍の建物。

権之助坂　目黒区下目黒１丁目
昭和46年4月5日

玉電・二子玉川園駅前　世田谷区玉川１丁目　昭和44年4月30日

世田谷線・上町駅　世田谷区世田谷３丁目　昭和46年4月4日

井の頭線・明大前駅　世田谷区松原１丁目　昭和46年2月28日

京王線・桜上水駅　世田谷区桜上水５丁目　昭和45年10月10日

京王線・上北沢駅　世田谷区上北沢４丁目　昭和45年10月10日

小田急線・成城学園前駅　世田谷区成城６丁目　昭和45年2月21日

小田急線・祖師ヶ谷大蔵駅
世田谷区祖師谷1丁目
昭和46年5月1日

ぶどう狩（福田ブドー園）
世田谷区祖師谷5丁目　昭和48年8月28日
観光農業としてぶどう畑が作られた。

小田急線・梅ヶ丘駅　世田谷区梅丘1丁目　昭和46年2月28日

ぼろ市　世田谷区世田谷1丁目　昭和43年12月15日

都立松沢病院　世田谷区上北沢2丁目　昭和46年2月28日

新井町交差点（早稲田通り）　中野新井１丁目　昭和47年4月29日

中野坂上交差点（青梅街道）　中野区本町２丁目　昭和46年3月27日

中野刑務所　中野区新井３丁目　昭和44年5月5日　現在はこの地にない。

西武新宿線・野方駅　中野区野方５丁目　昭和46年7月24日

西武新宿線・新井薬師前駅　中野区上高田５丁目　昭和46年3月18日

中杉通り　中野区白鷺２丁目　昭和53年7月10日
西武新宿線の鷺ノ宮駅付近

高円寺北二丁目　杉並区高円寺北２丁目　昭和46年7月24日

阿佐ヶ谷駅から富士山を望む　杉並区阿佐谷南３丁目　昭和46年3月6日

ＪＲ荻窪駅前　杉並区上荻１丁目　昭和46年7月24日

釣堀
杉並区阿佐谷南3丁目
昭和47年3月18日

梅里二丁目
杉並区梅里2丁目
昭和46年2月14日

西武新宿線・下井草駅　杉並区下井草３丁目　昭和43年6月9日

環状八号線と中央自動車道の交差点　杉並区高井戸西１丁目　昭和46年2月28日

井の頭線・西永福駅　杉並区永福3丁目
昭和45年10月10日

富士見ヶ丘駅北口商店街　杉並区久我山5丁目
昭和46年5月1日

練馬

西武池袋線・桜台駅前　練馬区桜台1丁目
昭和46年5月1日

キャベツ畑　練馬区東大泉
昭和46年5月5日

西武池袋線・中村橋駅　練馬区貫井1丁目　昭和46年4月11日

農家の七夕　練馬区大泉学園町2丁目　昭和44年8月7日

牧場　練馬区東大泉4丁目　昭和44年4月13日

小麦畑　練馬区上石神井1丁目　昭和53年5月21日

板橋

戸田橋　板橋区舟渡2丁目わき荒川の上
昭和46年9月11日

都営三田線・高島平駅　板橋区高島平8丁目
昭和44年2月8日　駅の南側は高島平団地として開発された。

大山銀座美観街　板橋区大山西町　昭和46年5月1日　東武東上線・大山駅付近。

グラントハイツ　板橋区赤塚新町３丁目　昭和46年7月13日　米軍関係者の住宅施設。

新庚申塚　豊島区西巣鴨３丁目　昭和45年5月10日

鬼子母神の駄菓子屋　豊島区雑司が谷３丁目　昭和43年4月28日

北

ＪＲ赤羽駅　北区赤羽西１丁目
昭和42年10月28日

紙芝居　北区滝野川５丁目　昭和46年10月16日

旧中仙道　豊島区西巣鴨３丁目　昭和56年10月25日

足立

ニコニコ商店街　足立区千住柳町
昭和47年10月1日

東武伊勢崎線・堀切駅　足立区千住曙町
昭和45年2月21日

セリの収穫　足立区本木１丁目
昭和43年1月8日

青井三丁目　足立区青井３丁目　昭和45年3月29日

千住柳町　足立区千住柳町　昭和43年4月27日
遊廓の面影を残す家並

アサヒビヤホール　墨田区吾妻橋１丁目　昭和44年2月23日
隣接するアサヒビール工場製の直の味が楽しめた。

大横川　墨田区石原４丁目　昭和43年2月11日

言問橋　墨田区隅田公園わき隅田川の上　昭和43年1月2日

駒形橋交差点　墨田区東駒形1丁目　昭和42年12月30日

厩橋本交差点　墨田区本所1丁目　昭和43年2月25日

四ツ木橋　墨田区八広６丁目わき荒川の上　昭和42年5月　遅くまで残っていた木橋。

橘銀座　墨田区京島３丁目
昭和45年2月22日

立花六丁目　墨田区立花６丁目　昭和42年9月
立花は人口密度が非常に高かった。

北十間川　墨田区文花１丁目　昭和44年12月9日

四ツ目通り（錦糸町駅そば）　墨田区江東橋4丁目　昭和43年2月10日

ダービー通り　墨田区江東橋3丁目　昭和43年2月11日　場外馬券売場へ行く道。

太平三丁目　墨田区太平3丁目　昭和43年2月5日　左は時計の精工舎。

西葛西六丁目　江戸川区西葛西６丁目　昭和56年8月30日　上は地下鉄東西線。

荒川放水路　江戸川区西葛西２丁目　昭和50年2月　放水路のよって荒川の氾濫が防がれた。

ＪＲ平井駅　江戸川区平井３丁目　昭和45年11月8日

千葉街道　江戸川区南小岩7丁目
昭和44年5月31日
ＪＲ小岩駅入口

田植え　江戸川区葛西１丁目
昭和43年6月1日

葛飾

京成金町線・柴又駅　葛飾区柴又４丁目　昭和42年10月15日

植木鉢造り　葛飾区堀切２丁目　昭和46年１月10日

小菅四丁目　葛飾区小菅４丁目　昭和42年５月

荒川

荒川二丁目　荒川区荒川2丁目　昭和45年5月5日　左上に見えるのは東京スタジアム。

千住大橋　荒川区南千住7丁目　昭和43年1月28日　都電は日光街道を北千住に向かう。

隅田川貨物駅　荒川区南千住4丁目　昭和45年6月7日

Shotor Library

東京の消えた風景

加藤嶺夫（かとう・みねお）
１９２９年、東京都生まれ。54年、立教大学経済学部卒。出版社勤務。退職後、フリーカメラマンとなる。在職中から東京の祭礼・行事を中心に写真を撮り続けている。75年から産経新聞に東京各地の風物にまつわるフォトエッセイを長期連載した。

著者／加藤嶺夫
カバーデザイン／稲野　清
本文デザイン／ビー・シー
地域解説／遠藤知子
写真協力／久米たかし
編集／島田武一

東京の消えた風景
発行／２００３年3月10日　初版第1刷発行
発行者／山本　章
発行所／株式会社　小学館
〒１０１-８００１
東京都千代田区一ツ橋2-3-1
編集／０３（３２３０）５１３３
制作／０３（３２３０）５３３３
販売／０３（３２３０）５７３９
印刷／共同印刷株式会社

造本には十分注意しておりますが、万一、落丁・乱丁などの不良品がありましたら「制作局」あてにお送りください。送料小社負担にてお取り替えいたします。

ISBN4-09-343108-6